Notas y Libro De registros - Relaciones De Pareja

Notas Y Libro De Registros - Relaciones De Pareja

Por Sirron V. Kyles

Notas Y Libro De registros – Relaciones De Pareja
Una Continuación Del Libro, Lo Que Se Debe Y
No Se Debe Hacer En Una Relación Comprometida

Copyright ©2016
Author Sirron V. Kyles

Bar Code: 7858579468836
ISBN: 978-0-9970006-3-4

Portada Por Sirron 12
Ilustraciones: Ariadna Pérez Hernández
Editora: María Fernanda Vega Garibay
Diseño: Vesna Trpkovska
Traducción: Francis Maestre

Todos los derechos reservados. No se puede reproducir ninguna parte de este libro de ninguna forma, ya sea por medios electrónicos o mecánicos, incluidos el almacenamiento de información o los sistemas de recuperación, sin el permiso por escrito del editor. La excepción se encuentra en las revisiones que citan breves pasajes.

Publicado E Impreso En Los Estados Unidos.
Publicado En 2018 HousTone Publishing
PO Box 8305 Houston, Texas 77288 USA

info@houstonepublishing.com * www.houstonepublishing.com
PH-713-866-4006 * 281-605-9299-Fax 713-866-4006

Tabla De Contenidos

Sobre El Autor 7
Prefacio Del Autor 9
Introducción A Notas Y Libro
De Registros - Relaciones De Pareja......................... 11
Comience A Acercarse Dejando Notas 15
Tolerancia... 17
Honestidad.. 35
Comunicación 53
Compromiso 71
Tentación 89
Finanzas 107
Fe.. 125
Familia 143
Amigos 161
Sexo... 179
Políticas.. 197
Conclusión 217

Sobre El Autor

Sirron V. Kyles nació en Texas y es mejor conocido como el creador del Bob Marley Festival Tour. Entre muchas de sus habilidades están el ser un Especialista Creativo de Comunicación Visual que se enfoca en el Art Decor Corporate y su Marca Individual, también fotografía y diseño gráfico. Su educación consta con certificados de Rice University, Lee Jr. College, San José State y títulos de Houston Community Colleges y Columbia School of Broadcasting. Según Sirron, cada uno de ellos fue de gran ayuda para escribir este libro.

Fue licenciado con honores de la Marina de los EE.UU, Que incluyó tres viajes a Vietnam como miembro de los Servicios Especiales. En la escuela secundaria fue miembro del ROTC y se desempeñó en la Guardia de Honor de la Ciudad de Houston, la Guardia de Color y el Equipo de Perforación, el cual siente que fue muy importante para ayudarlo a establecer la disciplina a principios de su vida. Sirron también jugó basquetbol en la Marina, la escuela secundaria, la universidad y profesionalmente (sobre todo en la ABA) y fue miembro del equipo de natación.

Sirron dijo: "He estado involucrado en muchas relaciones a lo largo de los años, y siempre consideré que era popular entre las mujeres".

"Esas experiencias proporcionaron una gran cantidad de información sobre el contenido de este libro y sobre los diferentes puntos de comprensión de las relaciones que no pude conocer sin el tiempo que pasé con las mujeres con quienes compartí mi vida".

Sirron ha publicado varios artículos y otros libros de los cuales es autor o coautor. Notas Y Libro De registros – Relaciones De Pareja es una continuación del libro Lo Que Se Debe Y No Se Debe Hacer En Una Relación.

Prefacio Del Autor

"La razón para escribir este libro fue para compartir información personal, experiencias y soluciones de aquellos que ahora están en relaciones comprometidas, junto con investigaciones y conversaciones con otras personas que también han tenido relaciones. Al tomar la decisión de contraer un compromiso con otra persona, nunca debe tomarse a la ligera o hacerse apresuradamente. Es demasiado serio comprometerse basándose únicamente en las emociones. La mayoría de nosotros no nos casaríamos con otra persona sin considerarlo seriamente; ¿Por qué pensarías en hacer un compromiso sin darle la misma cantidad de reflexión o de sentido común?

Para mí, la manera más importante de comenzar la conversación sobre qué hacer y qué no hacer en una relación comprometida es que no tiene que creer todo lo que lee en este libro, pero puede aprender algo si lo hace. Toma este consejo solo como información. La relación de cada persona es diferente y lo que le importa a una persona puede no ser importante para otra. Sin embargo, hay algunos puntos generales que se describen en los capítulos de este libro y que pueden resultar muy valiosos cuando se considera si se debe iniciar o no una relación...

Siempre hay una excepción a la regla. Por ejemplo, cosas que no debes decirle a tu pareja:

"Mi madre piensa que estás engordando".

Ó

"En realidad, creo que Scarlett Johansson / Chris Hemsworth / Tyra Banks / Chris Evans / Diego Boneta / Kate Upton / Denzel Washington / Sofía Vergara son mucho, mucho más calientes que tú".

Debes usar el sentido común sobre las cosas que dañan la relación. Ambas partes deben discutir las relaciones pasadas. Esto puede crear dudas en su relación al principio, hasta que se conozcan entre sí, pero creo que es mejor comenzar con un borrón y cuenta nueva.

La tolerancia, la honestidad, la comunicación, el sexo, la fe, el compromiso, la familia, la tentación, la política, las finanzas y los amigos influyen en la duración y la fortaleza de una relación. Sé por experiencia personal que cada uno de ellos influyó en cómo se dieron mis relaciones. Lamento decir que el 75% de esas relaciones terminaron como resultado de que decidí dejar que influyera en mis decisiones y claramente no por la culpa de las maravillosas mujeres que decidieron hacer compromisos conmigo, solo digo.

Hay cosas que se pueden hacer y prohibiciones generales que puede usar como guía en este libro, sin importar en qué etapa se encuentre su relación. Ojalá hubiera leído un libro como este anteriormente en la vida. Estoy seguro de que habría tomado decisiones más acertadas en alguna de mis relaciones pasadas, pero esto dio como resultado escribir este libro, tomaré mejores decisiones en futuras relaciones.

Introducción
Notas y Libro De registros - Relaciones De Pareja

¿Te has preguntado alguna vez cómo puedes fortalecer tu relación con tu pareja? Notas y Libro De registros – Relaciones De Pareja es una continuación del libro Lo Que Se Debe Y No Se Debe hacer en Una relación Comprometida. Notas y Libro De registros – Relaciones De Pareja se escribió para ayudar en el proceso de lograr esta meta previa.

Todos queremos paz en nuestras vidas y relaciones más fuertes y felices, amor e intimidad duraderos. Este libro cubre 11 temas diferentes, informativos e interesantes, que aseguran un contacto íntimo entre ambos: desde la comunicación y el sexo, hasta la amistad, la política y mucho más; solo investigue el tema que pueda ayudarlo más en el momento presente de su relación, y comience a crear la vida que usted sabe que ambos se merecen.

La comunicación es la base fundamental para cualquier relación sólida, pero a menudo puede convertirse en una lucha entre la pareja. Las personas sensibles generalmente se evitan entre sí para evitar una pelea, lo que lleva a que el compañero se cierre y afecte la relación. Este libro trata de fortalecer y rejuvenecer su vínculo; Notas y Libro De registros – Relaciones De Pareja proporciona un recipiente que canaliza esas discusiones y crea hábitos de comunicación saludables.

Las notas ayudan a los compañeros a interactuar entre sí de una manera amorosa y reflexiva al discutir diferentes temas, dejar mensajes entre sí en diferentes secciones e incluso elegir entre diferentes estados de ánimo para compartir sentimientos. Este proceso consiste en crear intimidad, compartir y comunicarse sin el uso de teléfonos e Internet. Las notas fomentan un proceso de comunicación saludable, amoroso y constante y crean comprensión al escribir las respuestas.

Sirron V. Kyles, el autor, creó esta plataforma para alentar a los lectores a compartir sus sentimientos y pensamientos en un simple formulario de notas; siempre teniendo en cuenta que tendrá que acercarse a esta herramienta de comunicación con una mente abierta y la voluntad de responder, confiar y siempre respetarse mutuamente, sin importar lo que escriba el otro.

* Las notas solo están disponibles en la versión en rústica del libro.*

Las Notas y Libro De registros – Relaciones De Pareja permite que los miembros de la relación se vuelvan más amorosos entre sí y en esencia, se conviertan en una unidad en lugar de simplemente separarse. El objetivo final: prosperar en una relación.

Ejemplos de lo que encontrará en Notas y Libro De registros – Relaciones De Pareja

Nombre: Bob
Fecha: lunes
Hora: Almuerzo
Estado de ánimo: Caliente
Comentarios: Realmente echo de menos verte en tu lencería sexy. Todavía eres sexy y extraño el espectáculo.

Nombre: Mary
Fecha: 7/1
Hora: 3 p.m.
Estado de ánimo: feliz
Comentarios: Lo extraño también, es solo que después de tener el bebé ya no me sentía sexy y simplemente olvidé que lo era. Lo sacaré pronto, así que prepárate para el espectáculo de tu vida y espera verme de nuevo.

Nombre: Mary
Fecha: 7/7
Hora: 8 p.m.

Estado de ánimo: Preguntándome
Comentarios: hola cariño, quería hacerte saber que estoy realmente celoso de tu nueva secretaria y pensé que deberías saberlo. Decirlo aquí también parecía ser lo correcto para evitar cargas de acusaciones y suposiciones

Nombre: Bob
Fecha: 7/7
Hora: 10 p. M.
Estado de ánimo: sonriente
Comentarios: ¡Qué! No deberías preocuparte, ya que mis ojos son solo para ti. Incluso los muchachos en el trabajo a menudo te miran todo el tiempo diciendo que tengo mucha suerte de tenerte.

Nombre: Mary
Fecha: 7/7
Hora: medianoche
Estado de ánimo: Bendecida
Comentarios: ¡Te amo tanto cariño! Y gracias por amarme también... ¿chicos en el trabajo mirándome? Esto es una sorpresa... ¡Ja! ¡Ja! ¡Ja!

Nombre: Mary
Fecha: 7/10
Hora: 11 a.m.
Estado de ánimo: Besos
Comentarios: Hola cariño, muchas gracias por llevarme a bailar anoche. Me divertí mucho contigo, realmente sacó a relucir algunos viejos recuerdos que hemos tenido. Gracias de nuevo, te amo

COMIENCE A ACERCARSE DEJANDO NOTAS

Tolerancia

La tolerancia, en referencia a este capítulo, se trata de tolerar (o perdonar) acciones o juicios deficientes de un compañero con los que no estén de acuerdo para mantener la relación. Para las parejas que han estado casadas durante muchos años, una cosa que los mantiene unidos es la tolerancia y el perdón de los errores de juicios de su pareja. Las otras razones por las que decidieron mostrar tolerancia pueden tener algo que ver con su miedo a estar solos o las inseguridades que tienen con su pareja.

Cuántas veces ha querido decirle algo a su pareja por la forma en que se comportaban, pero no lo hace por temor a que lo tome de la manera equivocada, y simplemente tolera su comportamiento sin decir nada. Puedes decir lo que no dijiste antes aquí en las Notas; solo asegúrate de que tu pareja sepa que dejaste una nota. Ten en cuenta que debes enfocar estas herramientas de comunicación con una mente abierta y la voluntad de comunicarse y confiar entre sí, sin importar lo que escriba el otro, ya que se trata simplemente de fortalecer su relación.

Nombre:

Fecha:

Hora:

Estado De Ánimo:

Comentarios:

Nombre:

Fecha:

Hora:

Estado De Ánimo:

Comentarios:

Nombre:

Fecha:

Hora:

Estado De Ánimo:

Comentarios:

Nombre:

Fecha:

Hora:

Estado De Ánimo:

Comentarios:

Nombre:
Fecha:
Hora:
Estado De Ánimo:
Comentarios:

Nombre:
Fecha:
Hora:
Estado De Ánimo:
Comentarios:

Nombre:
Fecha:
Hora:
Estado De Ánimo:
Comentarios:

Nombre:
Fecha:
Hora:
Estado De Ánimo:
Comentarios:

Nombre:

Fecha:

Hora:

Estado De Ánimo:

Comentarios:

Nombre:

Fecha:

Hora:

Estado De Ánimo:

Comentarios:

Nombre:

Fecha:

Hora:

Estado De Ánimo:

Comentarios:

Nombre:

Fecha:

Hora:

Estado De Ánimo:

Comentarios:

Nombre:
Fecha:
Hora:
Estado De Ánimo:
Comentarios:

Nombre:
Fecha:
Hora:
Estado De Ánimo:
Comentarios:

Nombre:
Fecha:
Hora:
Estado De Ánimo:
Comentarios:

Nombre:
Fecha:
Hora:
Estado De Ánimo:
Comentarios:

Nombre:
Fecha:
Hora:
Estado De Ánimo:
Comentarios:

Nombre:
Fecha:
Hora:
Estado De Ánimo:
Comentarios:

Nombre:
Fecha:
Hora:
Estado De Ánimo:
Comentarios:

Nombre:
Fecha:
Hora:
Estado De Ánimo:
Comentarios:

Nombre:

Fecha:

Hora:

Estado De Ánimo:

Comentarios:

Nombre:

Fecha:

Hora:

Estado De Ánimo:

Comentarios:

Nombre:

Fecha:

Hora:

Estado De Ánimo:

Comentarios:

Nombre:

Fecha:

Hora:

Estado De Ánimo:

Comentarios:

Nombre:
Fecha:
Hora:
Estado De Ánimo:
Comentarios:

Nombre:
Fecha:
Hora:
Estado De Ánimo:
Comentarios:

Nombre:
Fecha:
Hora:
Estado De Ánimo:
Comentarios:

Nombre:
Fecha:
Hora:
Estado De Ánimo:
Comentarios:

Nombre:
Fecha:
Hora:
Estado De Ánimo:
Comentarios:

Nombre:
Fecha:
Hora:
Estado De Ánimo:
Comentarios:

Nombre:
Fecha:
Hora:
Estado De Ánimo:
Comentarios:

Nombre:
Fecha:
Hora:
Estado De Ánimo:
Comentarios:

Nombre:

Fecha:

Hora:

Estado De Ánimo:

Comentarios:

Nombre:

Fecha:

Hora:

Estado De Ánimo:

Comentarios:

Nombre:

Fecha:

Hora:

Estado De Ánimo:

Comentarios:

Nombre:

Fecha:

Hora:

Estado De Ánimo:

Comentarios:

Nombre:

Fecha:

Hora:

Estado De Ánimo:

Comentarios:

Nombre:

Fecha:

Hora:

Estado De Ánimo:

Comentarios:

Nombre:

Fecha:

Hora:

Estado De Ánimo:

Comentarios:

Nombre:

Fecha:

Hora:

Estado De Ánimo:

Comentarios:

Nombre:
Fecha:
Hora:
Estado De Ánimo:
Comentarios:

Nombre:
Fecha:
Hora:
Estado De Ánimo:
Comentarios:

Nombre:
Fecha:
Hora:
Estado De Ánimo:
Comentarios:

Nombre:
Fecha:
Hora:
Estado De Ánimo:
Comentarios:

Nombre:

Fecha:

Hora:

Estado De Ánimo:

Comentarios:

Nombre:

Fecha:

Hora:

Estado De Ánimo:

Comentarios:

Nombre:

Fecha:

Hora:

Estado De Ánimo:

Comentarios:

Nombre:

Fecha:

Hora:

Estado De Ánimo:

Comentarios:

Nombre:
Fecha:
Hora:
Estado De Ánimo:
Comentarios:

Nombre:
Fecha:
Hora:
Estado De Ánimo:
Comentarios:

Nombre:
Fecha:
Hora:
Estado De Ánimo:
Comentarios:

Nombre:
Fecha:
Hora:
Estado De Ánimo:
Comentarios:

Nombre:
Fecha:
Hora:
Estado De Ánimo:
Comentarios:

Nombre:
Fecha:
Hora:
Estado De Ánimo:
Comentarios:

Nombre:
Fecha:
Hora:
Estado De Ánimo:
Comentarios:

Nombre:
Fecha:
Hora:
Estado De Ánimo:
Comentarios:

Nombre:

Fecha:

Hora:

Estado De Ánimo:

Comentarios:

Nombre:

Fecha:

Hora:

Estado De Ánimo:

Comentarios:

Nombre:

Fecha:

Hora:

Estado De Ánimo:

Comentarios:

Nombre:

Fecha:

Hora:

Estado De Ánimo:

Comentarios:

Nombre:

Fecha:

Hora:

Estado De Ánimo:

Comentarios:

Nombre:

Fecha:

Hora:

Estado De Ánimo:

Comentarios:

Nombre:

Fecha:

Hora:

Estado De Ánimo:

Comentarios:

Nombre:

Fecha:

Hora:

Estado De Ánimo:

Comentarios:

Honestidad

Debe poder confiar en su pareja y ganar esa confianza siendo honesto usted mismo. Las reglas básicas deben establecerse al comienzo de la relación, detallando lo que cada persona compartirá sobre su pasado, lo bueno y lo malo. Muchas relaciones están condenadas desde el principio debido a que los socios comparten cosas de su pasado que pueden no parecerles demasiado, pero que pueden ser vistas como negativas por su pareja.

Debes conocer a tu pareja antes de compartir cosas como la cantidad de personas con las que has salido o con las que has dormido o, por lo demás, qué tan grave ha terminado tu última relación, tu aversión por sus padres, etc. Ten en cuenta que debes enfocar estas herramientas de comunicación con una mente abierta y la voluntad de comunicarse y confiar entre sí, sin importar lo que escriba el otro, ya que se trata simplemente de fortalecer su relación.

Nombre:
Fecha:
Hora:
Estado De Ánimo:
Comentarios:

Nombre:
Fecha:
Hora:
Estado De Ánimo:
Comentarios:

Nombre:
Fecha:
Hora:
Estado De Ánimo:
Comentarios:

Nombre:
Fecha:
Hora:
Estado De Ánimo:
Comentarios:

Nombre:

Fecha:

Hora:

Estado De Ánimo:

Comentarios:

Nombre:

Fecha:

Hora:

Estado De Ánimo:

Comentarios:

Nombre:

Fecha:

Hora:

Estado De Ánimo:

Comentarios:

Nombre:

Fecha:

Hora:

Estado De Ánimo:

Comentarios:

Nombre:
Fecha:
Hora:
Estado De Ánimo:
Comentarios:

Nombre:
Fecha:
Hora:
Estado De Ánimo:
Comentarios:

Nombre:
Fecha:
Hora:
Estado De Ánimo:
Comentarios:

Nombre:
Fecha:
Hora:
Estado De Ánimo:
Comentarios:

Nombre:

Fecha:

Hora:

Estado De Ánimo:

Comentarios:

Nombre:

Fecha:

Hora:

Estado De Ánimo:

Comentarios:

Nombre:

Fecha:

Hora:

Estado De Ánimo:

Comentarios:

Nombre:

Fecha:

Hora:

Estado De Ánimo:

Comentarios:

Nombre:
Fecha:
Hora:
Estado De Ánimo:
Comentarios:

Nombre:
Fecha:
Hora:
Estado De Ánimo:
Comentarios:

Nombre:
Fecha:
Hora:
Estado De Ánimo:
Comentarios:

Nombre:
Fecha:
Hora:
Estado De Ánimo:
Comentarios:

Nombre:
Fecha:
Hora:
Estado De Ánimo:
Comentarios:

Nombre:
Fecha:
Hora:
Estado De Ánimo:
Comentarios:

Nombre:
Fecha:
Hora:
Estado De Ánimo:
Comentarios:

Nombre:
Fecha:
Hora:
Estado De Ánimo:
Comentarios:

Nombre:
Fecha:
Hora:
Estado De Ánimo:
Comentarios:

Nombre:
Fecha:
Hora:
Estado De Ánimo:
Comentarios:

Nombre:
Fecha:
Hora:
Estado De Ánimo:
Comentarios:

Nombre:
Fecha:
Hora:
Estado De Ánimo:
Comentarios:

Nombre:
Fecha:
Hora:
Estado De Ánimo:
Comentarios:

Nombre:
Fecha:
Hora:
Estado De Ánimo:
Comentarios:

Nombre:
Fecha:
Hora:
Estado De Ánimo:
Comentarios:

Nombre:
Fecha:
Hora:
Estado De Ánimo:
Comentarios:

Nombre:
Fecha:
Hora:
Estado De Ánimo:
Comentarios:

Nombre:
Fecha:
Hora:
Estado De Ánimo:
Comentarios:

Nombre:
Fecha:
Hora:
Estado De Ánimo:
Comentarios:

Nombre:
Fecha:
Hora:
Estado De Ánimo:
Comentarios:

Honestidad

Nombre:
Fecha:
Hora:
Estado De Ánimo:
Comentarios:

Nombre:
Fecha:
Hora:
Estado De Ánimo:
Comentarios:

Nombre:
Fecha:
Hora:
Estado De Ánimo:
Comentarios:

Nombre:
Fecha:
Hora:
Estado De Ánimo:
Comentarios:

Nombre:

Fecha:

Hora:

Estado De Ánimo:

Comentarios:

Nombre:

Fecha:

Hora:

Estado De Ánimo:

Comentarios:

Nombre:

Fecha:

Hora:

Estado De Ánimo:

Comentarios:

Nombre:

Fecha:

Hora:

Estado De Ánimo:

Comentarios:

Nombre:
Fecha:
Hora:
Estado De Ánimo:
Comentarios:

Nombre:
Fecha:
Hora:
Estado De Ánimo:
Comentarios:

Nombre:
Fecha:
Hora:
Estado De Ánimo:
Comentarios:

Nombre:
Fecha:
Hora:
Estado De Ánimo:
Comentarios:

Nombre:
Fecha:
Hora:
Estado De Ánimo:
Comentarios:

Nombre:
Fecha:
Hora:
Estado De Ánimo:
Comentarios:

Nombre:
Fecha:
Hora:
Estado De Ánimo:
Comentarios:

Nombre:
Fecha:
Hora:
Estado De Ánimo:
Comentarios:

Nombre:

Fecha:

Hora:

Estado De Ánimo:

Comentarios:

Nombre:

Fecha:

Hora:

Estado De Ánimo:

Comentarios:

Nombre:

Fecha:

Hora:

Estado De Ánimo:

Comentarios:

Nombre:

Fecha:

Hora:

Estado De Ánimo:

Comentarios:

Nombre:
Fecha:
Hora:
Estado De Ánimo:
Comentarios:

Nombre:
Fecha:
Hora:
Estado De Ánimo:
Comentarios:

Nombre:
Fecha:
Hora:
Estado De Ánimo:
Comentarios:

Nombre:
Fecha:
Hora:
Estado De Ánimo:
Comentarios:

Nombre:

Fecha:

Hora:

Estado De Ánimo:

Comentarios:

Nombre:

Fecha:

Hora:

Estado De Ánimo:

Comentarios:

Nombre:

Fecha:

Hora:

Estado De Ánimo:

Comentarios:

Nombre:

Fecha:

Hora:

Estado De Ánimo:

Comentarios:

Comunicación

La comunicación es uno de los aspectos más importantes de una relación, pero como dije anteriormente no siempre tienes que decirle todo a tu pareja. Al mismo tiempo, uno no se conoce sin comunicación, sin importar qué tan buenos sean otros aspectos de su relación.

No construyes algo que durará si no conoces a tu pareja. La comunicación es fundamental para crear una relación verdaderamente duradera entre dos personas; sin ella, la relación está condenada al fracaso. Ten en cuenta que debes enfocar estas herramientas de comunicación con una mente abierta y la voluntad de comunicarse y confiar entre sí, sin importar lo que escriba el otro, ya que se trata simplemente de fortalecer su relación.

Nombre:
Fecha:
Hora:
Estado De Ánimo:
Comentarios:

Nombre:
Fecha:
Hora:
Estado De Ánimo:
Comentarios:

Nombre:
Fecha:
Hora:
Estado De Ánimo:
Comentarios:

Nombre:
Fecha:
Hora:
Estado De Ánimo:
Comentarios:

Nombre:
Fecha:
Hora:
Estado De Ánimo:
Comentarios:

Nombre:
Fecha:
Hora:
Estado De Ánimo:
Comentarios:

Nombre:
Fecha:
Hora:
Estado De Ánimo:
Comentarios:

Nombre:
Fecha:
Hora:
Estado De Ánimo:
Comentarios:

Nombre:
Fecha:
Hora:
Estado De Ánimo:
Comentarios:

Nombre:
Fecha:
Hora:
Estado De Ánimo:
Comentarios:

Nombre:
Fecha:
Hora:
Estado De Ánimo:
Comentarios:

Nombre:
Fecha:
Hora:
Estado De Ánimo:
Comentarios:

Nombre:

Fecha:

Hora:

Estado De Ánimo:

Comentarios:

Nombre:

Fecha:

Hora:

Estado De Ánimo:

Comentarios:

Nombre:

Fecha:

Hora:

Estado De Ánimo:

Comentarios:

Nombre:

Fecha:

Hora:

Estado De Ánimo:

Comentarios:

Nombre:
Fecha:
Hora:
Estado De Ánimo:
Comentarios:

Nombre:
Fecha:
Hora:
Estado De Ánimo:
Comentarios:

Nombre:
Fecha:
Hora:
Estado De Ánimo:
Comentarios:

Nombre:
Fecha:
Hora:
Estado De Ánimo:
Comentarios:

Nombre:

Fecha:

Hora:

Estado De Ánimo:

Comentarios:

Nombre:

Fecha:

Hora:

Estado De Ánimo:

Comentarios:

Nombre:

Fecha:

Hora:

Estado De Ánimo:

Comentarios:

Nombre:

Fecha:

Hora:

Estado De Ánimo:

Comentarios:

Nombre:
Fecha:
Hora:
Estado De Ánimo:
Comentarios:

Nombre:
Fecha:
Hora:
Estado De Ánimo:
Comentarios:

Nombre:
Fecha:
Hora:
Estado De Ánimo:
Comentarios:

Nombre:
Fecha:
Hora:
Estado De Ánimo:
Comentarios:

Nombre:
Fecha:
Hora:
Estado De Ánimo:
Comentarios:

Nombre:
Fecha:
Hora:
Estado De Ánimo:
Comentarios:

Nombre:
Fecha:
Hora:
Estado De Ánimo:
Comentarios:

Nombre:
Fecha:
Hora:
Estado De Ánimo:
Comentarios:

Nombre:

Fecha:

Hora:

Estado De Ánimo:

Comentarios:

Nombre:

Fecha:

Hora:

Estado De Ánimo:

Comentarios:

Nombre:

Fecha:

Hora:

Estado De Ánimo:

Comentarios:

Nombre:

Fecha:

Hora:

Estado De Ánimo:

Comentarios:

Comunicación

Nombre:
Fecha:
Hora:
Estado De Ánimo:
Comentarios:

Nombre:
Fecha:
Hora:
Estado De Ánimo:
Comentarios:

Nombre:
Fecha:
Hora:
Estado De Ánimo:
Comentarios:

Nombre:
Fecha:
Hora:
Estado De Ánimo:
Comentarios:

Nombre:
Fecha:
Hora:
Estado De Ánimo:
Comentarios:

Nombre:
Fecha:
Hora:
Estado De Ánimo:
Comentarios:

Nombre:
Fecha:
Hora:
Estado De Ánimo:
Comentarios:

Nombre:
Fecha:
Hora:
Estado De Ánimo:
Comentarios:

Nombre:
Fecha:
Hora:
Estado De Ánimo:
Comentarios:

Nombre:
Fecha:
Hora:
Estado De Ánimo:
Comentarios:

Nombre:
Fecha:
Hora:
Estado De Ánimo:
Comentarios:

Nombre:
Fecha:
Hora:
Estado De Ánimo:
Comentarios:

Nombre:

Fecha:

Hora:

Estado De Ánimo:

Comentarios:

Nombre:

Fecha:

Hora:

Estado De Ánimo:

Comentarios:

Nombre:

Fecha:

Hora:

Estado De Ánimo:

Comentarios:

Nombre:

Fecha:

Hora:

Estado De Ánimo:

Comentarios:

Nombre:
Fecha:
Hora:
Estado De Ánimo:
Comentarios:

Nombre:
Fecha:
Hora:
Estado De Ánimo:
Comentarios:

Nombre:
Fecha:
Hora:
Estado De Ánimo:
Comentarios:

Nombre:
Fecha:
Hora:
Estado De Ánimo:
Comentarios:

Nombre:

Fecha:

Hora:

Estado De Ánimo:

Comentarios:

Nombre:

Fecha:

Hora:

Estado De Ánimo:

Comentarios:

Nombre:

Fecha:

Hora:

Estado De Ánimo:

Comentarios:

Nombre:

Fecha:

Hora:

Estado De Ánimo:

Comentarios:

Nombre:
Fecha:
Hora:
Estado De Ánimo:
Comentarios:

Nombre:
Fecha:
Hora:
Estado De Ánimo:
Comentarios:

Nombre:
Fecha:
Hora:
Estado De Ánimo:
Comentarios:

Nombre:
Fecha:
Hora:
Estado De Ánimo:
Comentarios:

Compromiso

Mi parecer es que todos en una relación seria entienden la definición de compromiso. Diré que si decides entablar una relación de compromiso, debes hacerlo utilizando no solo tus emociones, sino también tú lógica, al tiempo que entiendes que quieres disfrutar de tu vida con otra persona durante un período prolongado de tiempo. Solo digo.

Ten en cuenta que debes enfocar estas herramientas de comunicación con una mente abierta y la voluntad de comunicarse y confiar entre sí, sin importar lo que escriba el otro, ya que se trata simplemente de fortalecer su relación. Las notas mejorarán su comunicación en su relación si las usa.

Nombre:
Fecha:
Hora:
Estado De Ánimo:
Comentarios:

Nombre:
Fecha:
Hora:
Estado De Ánimo:
Comentarios:

Nombre:
Fecha:
Hora:
Estado De Ánimo:
Comentarios:

Nombre:
Fecha:
Hora:
Estado De Ánimo:
Comentarios:

Compromiso

Nombre:
Fecha:
Hora:
Estado De Ánimo:
Comentarios:

Nombre:
Fecha:
Hora:
Estado De Ánimo:
Comentarios:

Nombre:
Fecha:
Hora:
Estado De Ánimo:
Comentarios:

Nombre:
Fecha:
Hora:
Estado De Ánimo:
Comentarios:

Nombre:
Fecha:
Hora:
Estado De Ánimo:
Comentarios:

Nombre:
Fecha:
Hora:
Estado De Ánimo:
Comentarios:

Nombre:
Fecha:
Hora:
Estado De Ánimo:
Comentarios:

Nombre:
Fecha:
Hora:
Estado De Ánimo:
Comentarios:

Nombre:
Fecha:
Hora:
Estado De Ánimo:
Comentarios:

Nombre:
Fecha:
Hora:
Estado De Ánimo:
Comentarios:

Nombre:
Fecha:
Hora:
Estado De Ánimo:
Comentarios:

Nombre:
Fecha:
Hora:
Estado De Ánimo:
Comentarios:

Nombre:

Fecha:

Hora:

Estado De Ánimo:

Comentarios:

Nombre:

Fecha:

Hora:

Estado De Ánimo:

Comentarios:

Nombre:

Fecha:

Hora:

Estado De Ánimo:

Comentarios:

Nombre:

Fecha:

Hora:

Estado De Ánimo:

Comentarios:

Nombre:
Fecha:
Hora:
Estado De Ánimo:
Comentarios:

Nombre:
Fecha:
Hora:
Estado De Ánimo:
Comentarios:

Nombre:
Fecha:
Hora:
Estado De Ánimo:
Comentarios:

Nombre:
Fecha:
Hora:
Estado De Ánimo:
Comentarios:

Nombre:
Fecha:
Hora:
Estado De Ánimo:
Comentarios:

Nombre:
Fecha:
Hora:
Estado De Ánimo:
Comentarios:

Nombre:
Fecha:
Hora:
Estado De Ánimo:
Comentarios:

Nombre:
Fecha:
Hora:
Estado De Ánimo:
Comentarios:

Nombre:
Fecha:
Hora:
Estado De Ánimo:
Comentarios:

Nombre:
Fecha:
Hora:
Estado De Ánimo:
Comentarios:

Nombre:
Fecha:
Hora:
Estado De Ánimo:
Comentarios:

Nombre:
Fecha:
Hora:
Estado De Ánimo:
Comentarios:

Nombre:
Fecha:
Hora:
Estado De Ánimo:
Comentarios:

Nombre:
Fecha:
Hora:
Estado De Ánimo:
Comentarios:

Nombre:
Fecha:
Hora:
Estado De Ánimo:
Comentarios:

Nombre:
Fecha:
Hora:
Estado De Ánimo:
Comentarios:

Compromiso

Nombre:
Fecha:
Hora:
Estado De Ánimo:
Comentarios:

Nombre:
Fecha:
Hora:
Estado De Ánimo:
Comentarios:

Nombre:
Fecha:
Hora:
Estado De Ánimo:
Comentarios:

Nombre:
Fecha:
Hora:
Estado De Ánimo:
Comentarios:

Nombre:
Fecha:
Hora:
Estado De Ánimo:
Comentarios:

Nombre:
Fecha:
Hora:
Estado De Ánimo:
Comentarios:

Nombre:
Fecha:
Hora:
Estado De Ánimo:
Comentarios:

Nombre:
Fecha:
Hora:
Estado De Ánimo:
Comentarios:

Nombre:
Fecha:
Hora:
Estado De Ánimo:
Comentarios:

Nombre:
Fecha:
Hora:
Estado De Ánimo:
Comentarios:

Nombre:
Fecha:
Hora:
Estado De Ánimo:
Comentarios:

Nombre:
Fecha:
Hora:
Estado De Ánimo:
Comentarios:

Nombre:
Fecha:
Hora:
Estado De Ánimo:
Comentarios:

Nombre:
Fecha:
Hora:
Estado De Ánimo:
Comentarios:

Nombre:
Fecha:
Hora:
Estado De Ánimo:
Comentarios:

Nombre:
Fecha:
Hora:
Estado De Ánimo:
Comentarios:

Compromiso

Nombre:
Fecha:
Hora:
Estado De Ánimo:
Comentarios:

Nombre:
Fecha:
Hora:
Estado De Ánimo:
Comentarios:

Nombre:
Fecha:
Hora:
Estado De Ánimo:
Comentarios:

Nombre:
Fecha:
Hora:
Estado De Ánimo:
Comentarios:

Nombre:
Fecha:
Hora:
Estado De Ánimo:
Comentarios:

Nombre:
Fecha:
Hora:
Estado De Ánimo:
Comentarios:

Nombre:
Fecha:
Hora:
Estado De Ánimo:
Comentarios:

Nombre:
Fecha:
Hora:
Estado De Ánimo:
Comentarios:

Nombre:

Fecha:

Hora:

Estado De Ánimo:

Comentarios:

Nombre:

Fecha:

Hora:

Estado De Ánimo:

Comentarios:

Nombre:

Fecha:

Hora:

Estado De Ánimo:

Comentarios:

Nombre:

Fecha:

Hora:

Estado De Ánimo:

Comentarios:

Tentación

Le pasa a casi todos. Te encuentras con alguien por casualidad y son muy amables y divertidos. Es posible que hayas tomado un par de copas y veas a una gran persona que te llame la atención, olvidando por un momento que estás comprometido; Tú; solo mira... Las notas están para discutir estos tipos de eventos incómodos.

Solo ten en cuenta que debes enfocar estas herramientas de comunicación con una mente abierta y la voluntad de comunicarse y confiar entre sí, sin importar lo que escriba el otro, ya que se trata simplemente de fortalecer su relación.

Nombre:
Fecha:
Hora:
Estado De Ánimo:
Comentarios:

Nombre:
Fecha:
Hora:
Estado De Ánimo:
Comentarios:

Nombre:
Fecha:
Hora:
Estado De Ánimo:
Comentarios:

Nombre:
Fecha:
Hora:
Estado De Ánimo:
Comentarios:

Nombre:

Fecha:

Hora:

Estado De Ánimo:

Comentarios:

Nombre:

Fecha:

Hora:

Estado De Ánimo:

Comentarios:

Nombre:

Fecha:

Hora:

Estado De Ánimo:

Comentarios:

Nombre:

Fecha:

Hora:

Estado De Ánimo:

Comentarios:

Nombre:
Fecha:
Hora:
Estado De Ánimo:
Comentarios:

Nombre:
Fecha:
Hora:
Estado De Ánimo:
Comentarios:

Nombre:
Fecha:
Hora:
Estado De Ánimo:
Comentarios:

Nombre:
Fecha:
Hora:
Estado De Ánimo:
Comentarios:

Nombre:
Fecha:
Hora:
Estado De Ánimo:
Comentarios:

Nombre:
Fecha:
Hora:
Estado De Ánimo:
Comentarios:

Nombre:
Fecha:
Hora:
Estado De Ánimo:
Comentarios:

Nombre:
Fecha:
Hora:
Estado De Ánimo:
Comentarios:

Nombre:
Fecha:
Hora:
Estado De Ánimo:
Comentarios:

Nombre:
Fecha:
Hora:
Estado De Ánimo:
Comentarios:

Nombre:
Fecha:
Hora:
Estado De Ánimo:
Comentarios:

Nombre:
Fecha:
Hora:
Estado De Ánimo:
Comentarios:

Nombre:

Fecha:

Hora:

Estado De Ánimo:

Comentarios:

Nombre:

Fecha:

Hora:

Estado De Ánimo:

Comentarios:

Nombre:

Fecha:

Hora:

Estado De Ánimo:

Comentarios:

Nombre:

Fecha:

Hora:

Estado De Ánimo:

Comentarios:

Nombre:
Fecha:
Hora:
Estado De Ánimo:
Comentarios:

Nombre:
Fecha:
Hora:
Estado De Ánimo:
Comentarios:

Nombre:
Fecha:
Hora:
Estado De Ánimo:
Comentarios:

Nombre:
Fecha:
Hora:
Estado De Ánimo:
Comentarios:

Nombre:

Fecha:

Hora:

Estado De Ánimo:

Comentarios:

Nombre:

Fecha:

Hora:

Estado De Ánimo:

Comentarios:

Nombre:

Fecha:

Hora:

Estado De Ánimo:

Comentarios:

Nombre:

Fecha:

Hora:

Estado De Ánimo:

Comentarios:

Nombre:
Fecha:
Hora:
Estado De Ánimo:
Comentarios:

Nombre:
Fecha:
Hora:
Estado De Ánimo:
Comentarios:

Nombre:
Fecha:
Hora:
Estado De Ánimo:
Comentarios:

Nombre:
Fecha:
Hora:
Estado De Ánimo:
Comentarios:

Nombre:

Fecha:

Hora:

Estado De Ánimo:

Comentarios:

Nombre:

Fecha:

Hora:

Estado De Ánimo:

Comentarios:

Nombre:

Fecha:

Hora:

Estado De Ánimo:

Comentarios:

Nombre:

Fecha:

Hora:

Estado De Ánimo:

Comentarios:

Nombre:
Fecha:
Hora:
Estado De Ánimo:
Comentarios:

Nombre:
Fecha:
Hora:
Estado De Ánimo:
Comentarios:

Nombre:
Fecha:
Hora:
Estado De Ánimo:
Comentarios:

Nombre:
Fecha:
Hora:
Estado De Ánimo:
Comentarios:

Nombre:

Fecha:

Hora:

Estado De Ánimo:

Comentarios:

Nombre:

Fecha:

Hora:

Estado De Ánimo:

Comentarios:

Nombre:

Fecha:

Hora:

Estado De Ánimo:

Comentarios:

Nombre:

Fecha:

Hora:

Estado De Ánimo:

Comentarios:

Nombre:
Fecha:
Hora:
Estado De Ánimo:
Comentarios:

Nombre:
Fecha:
Hora:
Estado De Ánimo:
Comentarios:

Nombre:
Fecha:
Hora:
Estado De Ánimo:
Comentarios:

Nombre:
Fecha:
Hora:
Estado De Ánimo:
Comentarios:

Nombre:
Fecha:
Hora:
Estado De Ánimo:
Comentarios:

Nombre:
Fecha:
Hora:
Estado De Ánimo:
Comentarios:

Nombre:
Fecha:
Hora:
Estado De Ánimo:
Comentarios:

Nombre:
Fecha:
Hora:
Estado De Ánimo:
Comentarios:

Nombre:

Fecha:

Hora:

Estado De Ánimo:

Comentarios:

Nombre:

Fecha:

Hora:

Estado De Ánimo:

Comentarios:

Nombre:

Fecha:

Hora:

Estado De Ánimo:

Comentarios:

Nombre:

Fecha:

Hora:

Estado De Ánimo:

Comentarios:

Nombre:

Fecha:

Hora:

Estado De Ánimo:

Comentarios:

Nombre:

Fecha:

Hora:

Estado De Ánimo:

Comentarios:

Nombre:

Fecha:

Hora:

Estado De Ánimo:

Comentarios:

Nombre:

Fecha:

Hora:

Estado De Ánimo:

Comentarios:

Finanzas

En un mundo ideal, el dinero no importaría con usted y su pareja. En el mundo real, desafortunadamente, tenemos que lidiar con la falta de fondos, las disparidades entre compañeros, facturas inesperadas y emergencias. Puede comprometerse con una persona que sea muy rica y quiera colmarlo de cosas materiales que puedan influenciar su juicio y sus decisiones. ¿Podrías estar en una relación que tiene dificultades y que podría convertirse en un juego de culpas?

De cualquier manera, usted y su pareja deben administrar sus finanzas. Aquí es donde puede compartir sus sentimientos. Las Notas pueden ofrecer una solución más fácil para tratar esos momentos difíciles.

Siempre ten en cuenta que debes enfocar estas herramientas de comunicación con una mente abierta y la voluntad de comunicarse y confiar entre sí, sin importar lo que escriba el otro, ya que se trata simplemente de fortalecer su relación.

Nombre:
Fecha:
Hora:
Estado De Ánimo:
Comentarios:

Nombre:
Fecha:
Hora:
Estado De Ánimo:
Comentarios:

Nombre:
Fecha:
Hora:
Estado De Ánimo:
Comentarios:

Nombre:
Fecha:
Hora:
Estado De Ánimo:
Comentarios:

Nombre:

Fecha:

Hora:

Estado De Ánimo:

Comentarios:

Nombre:

Fecha:

Hora:

Estado De Ánimo:

Comentarios:

Nombre:

Fecha:

Hora:

Estado De Ánimo:

Comentarios:

Nombre:

Fecha:

Hora:

Estado De Ánimo:

Comentarios:

Nombre:

Fecha:

Hora:

Estado De Ánimo:

Comentarios:

Nombre:

Fecha:

Hora:

Estado De Ánimo:

Comentarios:

Nombre:

Fecha:

Hora:

Estado De Ánimo:

Comentarios:

Nombre:

Fecha:

Hora:

Estado De Ánimo:

Comentarios:

Nombre:

Fecha:

Hora:

Estado De Ánimo:

Comentarios:

Nombre:

Fecha:

Hora:

Estado De Ánimo:

Comentarios:

Nombre:

Fecha:

Hora:

Estado De Ánimo:

Comentarios:

Nombre:

Fecha:

Hora:

Estado De Ánimo:

Comentarios:

Nombre:
Fecha:
Hora:
Estado De Ánimo:
Comentarios:

Nombre:
Fecha:
Hora:
Estado De Ánimo:
Comentarios:

Nombre:
Fecha:
Hora:
Estado De Ánimo:
Comentarios:

Nombre:
Fecha:
Hora:
Estado De Ánimo:
Comentarios:

Finanzas 113

Nombre:
Fecha:
Hora:
Estado De Ánimo:
Comentarios:

Nombre:
Fecha:
Hora:
Estado De Ánimo:
Comentarios:

Nombre:
Fecha:
Hora:
Estado De Ánimo:
Comentarios:

Nombre:
Fecha:
Hora:
Estado De Ánimo:
Comentarios:

Nombre:
Fecha:
Hora:
Estado De Ánimo:
Comentarios:

Nombre:
Fecha:
Hora:
Estado De Ánimo:
Comentarios:

Nombre:
Fecha:
Hora:
Estado De Ánimo:
Comentarios:

Nombre:
Fecha:
Hora:
Estado De Ánimo:
Comentarios:

Nombre:
Fecha:
Hora:
Estado De Ánimo:
Comentarios:

Nombre:
Fecha:
Hora:
Estado De Ánimo:
Comentarios:

Nombre:
Fecha:
Hora:
Estado De Ánimo:
Comentarios:

Nombre:
Fecha:
Hora:
Estado De Ánimo:
Comentarios:

Nombre:
Fecha:
Hora:
Estado De Ánimo:
Comentarios:

Nombre:
Fecha:
Hora:
Estado De Ánimo:
Comentarios:

Nombre:
Fecha:
Hora:
Estado De Ánimo:
Comentarios:

Nombre:
Fecha:
Hora:
Estado De Ánimo:
Comentarios:

Nombre:
Fecha:
Hora:
Estado De Ánimo:
Comentarios:

Nombre:
Fecha:
Hora:
Estado De Ánimo:
Comentarios:

Nombre:
Fecha:
Hora:
Estado De Ánimo:
Comentarios:

Nombre:
Fecha:
Hora:
Estado De Ánimo:
Comentarios:

Nombre:
Fecha:
Hora:
Estado De Ánimo:
Comentarios:

Nombre:
Fecha:
Hora:
Estado De Ánimo:
Comentarios:

Nombre:
Fecha:
Hora:
Estado De Ánimo:
Comentarios:

Nombre:
Fecha:
Hora:
Estado De Ánimo:
Comentarios:

Nombre:
Fecha:
Hora:
Estado De Ánimo:
Comentarios:

Nombre:
Fecha:
Hora:
Estado De Ánimo:
Comentarios:

Nombre:
Fecha:
Hora:
Estado De Ánimo:
Comentarios:

Nombre:
Fecha:
Hora:
Estado De Ánimo:
Comentarios:

Nombre:
Fecha:
Hora:
Estado De Ánimo:
Comentarios:

Nombre:
Fecha:
Hora:
Estado De Ánimo:
Comentarios:

Nombre:
Fecha:
Hora:
Estado De Ánimo:
Comentarios:

Nombre:
Fecha:
Hora:
Estado De Ánimo:
Comentarios:

Nombre:
Fecha:
Hora:
Estado De Ánimo:
Comentarios:

Nombre:
Fecha:
Hora:
Estado De Ánimo:
Comentarios:

Nombre:
Fecha:
Hora:
Estado De Ánimo:
Comentarios:

Nombre:
Fecha:
Hora:
Estado De Ánimo:
Comentarios:

Nombre:

Fecha:

Hora:

Estado De Ánimo:

Comentarios:

Nombre:

Fecha:

Hora:

Estado De Ánimo:

Comentarios:

Nombre:

Fecha:

Hora:

Estado De Ánimo:

Comentarios:

Nombre:

Fecha:

Hora:

Estado De Ánimo:

Comentarios:

Nombre:
Fecha:
Hora:
Estado De Ánimo:
Comentarios:

Nombre:
Fecha:
Hora:
Estado De Ánimo:
Comentarios:

Nombre:
Fecha:
Hora:
Estado De Ánimo:
Comentarios:

Nombre:
Fecha:
Hora:
Estado De Ánimo:
Comentarios:

Fe

No tiene que compartir la fe de su compañero, pero debe saber que tener diferentes puntos de vista podría ser un problema. La fe de la vieja generación no fue un comienzo con muchas relaciones a largo plazo.

A menudo, dependiendo de la fe, a las parejas no se les permitía casarse fuera de su religión. Eso significaba que uno de los dos tendría que comprometer su fe para entablar una relación; se agradecido, ese no es el caso hoy.

Ten cuenta que debes enfocar estas herramientas de comunicación con una mente abierta y la voluntad de comunicarse y confiar entre sí, sin importar lo que escriba el otro, ya que se trata simplemente de fortalecer su relación.

Nombre:
Fecha:
Hora:
Estado De Ánimo:
Comentarios:

Nombre:
Fecha:
Hora:
Estado De Ánimo:
Comentarios:

Nombre:
Fecha:
Hora:
Estado De Ánimo:
Comentarios:

Nombre:
Fecha:
Hora:
Estado De Ánimo:
Comentarios:

Nombre:

Fecha:

Hora:

Estado De Ánimo:

Comentarios:

Nombre:

Fecha:

Hora:

Estado De Ánimo:

Comentarios:

Nombre:

Fecha:

Hora:

Estado De Ánimo:

Comentarios:

Nombre:

Fecha:

Hora:

Estado De Ánimo:

Comentarios:

Nombre:

Fecha:

Hora:

Estado De Ánimo:

Comentarios:

Nombre:

Fecha:

Hora:

Estado De Ánimo:

Comentarios:

Nombre:

Fecha:

Hora:

Estado De Ánimo:

Comentarios:

Nombre:

Fecha:

Hora:

Estado De Ánimo:

Comentarios:

Nombre:

Fecha:

Hora:

Estado De Ánimo:

Comentarios:

Nombre:

Fecha:

Hora:

Estado De Ánimo:

Comentarios:

Nombre:

Fecha:

Hora:

Estado De Ánimo:

Comentarios:

Nombre:

Fecha:

Hora:

Estado De Ánimo:

Comentarios:

Nombre:
Fecha:
Hora:
Estado De Ánimo:
Comentarios:

Nombre:
Fecha:
Hora:
Estado De Ánimo:
Comentarios:

Nombre:
Fecha:
Hora:
Estado De Ánimo:
Comentarios:

Nombre:
Fecha:
Hora:
Estado De Ánimo:
Comentarios:

Nombre:
Fecha:
Hora:
Estado De Ánimo:
Comentarios:

Nombre:
Fecha:
Hora:
Estado De Ánimo:
Comentarios:

Nombre:
Fecha:
Hora:
Estado De Ánimo:
Comentarios:

Nombre:
Fecha:
Hora:
Estado De Ánimo:
Comentarios:

Nombre:
Fecha:
Hora:
Estado De Ánimo:
Comentarios:

Nombre:
Fecha:
Hora:
Estado De Ánimo:
Comentarios:

Nombre:
Fecha:
Hora:
Estado De Ánimo:
Comentarios:

Nombre:
Fecha:
Hora:
Estado De Ánimo:
Comentarios:

Nombre:

Fecha:

Hora:

Estado De Ánimo:

Comentarios:

Nombre:

Fecha:

Hora:

Estado De Ánimo:

Comentarios:

Nombre:

Fecha:

Hora:

Estado De Ánimo:

Comentarios:

Nombre:

Fecha:

Hora:

Estado De Ánimo:

Comentarios:

Nombre:

Fecha:

Hora:

Estado De Ánimo:

Comentarios:

Nombre:

Fecha:

Hora:

Estado De Ánimo:

Comentarios:

Nombre:

Fecha:

Hora:

Estado De Ánimo:

Comentarios:

Nombre:

Fecha:

Hora:

Estado De Ánimo:

Comentarios:

Nombre:
Fecha:
Hora:
Estado De Ánimo:
Comentarios:

Nombre:
Fecha:
Hora:
Estado De Ánimo:
Comentarios:

Nombre:
Fecha:
Hora:
Estado De Ánimo:
Comentarios:

Nombre:
Fecha:
Hora:
Estado De Ánimo:
Comentarios:

Nombre:
Fecha:
Hora:
Estado De Ánimo:
Comentarios:

Nombre:
Fecha:
Hora:
Estado De Ánimo:
Comentarios:

Nombre:
Fecha:
Hora:
Estado De Ánimo:
Comentarios:

Nombre:
Fecha:
Hora:
Estado De Ánimo:
Comentarios:

Nombre:
Fecha:
Hora:
Estado De Ánimo:
Comentarios:

Nombre:
Fecha:
Hora:
Estado De Ánimo:
Comentarios:

Nombre:
Fecha:
Hora:
Estado De Ánimo:
Comentarios:

Nombre:
Fecha:
Hora:
Estado De Ánimo:
Comentarios:

Nombre:
Fecha:
Hora:
Estado De Ánimo:
Comentarios:

Nombre:
Fecha:
Hora:
Estado De Ánimo:
Comentarios:

Nombre:
Fecha:
Hora:
Estado De Ánimo:
Comentarios:

Nombre:
Fecha:
Hora:
Estado De Ánimo:
Comentarios:

Nombre:

Fecha:

Hora:

Estado De Ánimo:

Comentarios:

Nombre:

Fecha:

Hora:

Estado De Ánimo:

Comentarios:

Nombre:

Fecha:

Hora:

Estado De Ánimo:

Comentarios:

Nombre:

Fecha:

Hora:

Estado De Ánimo:

Comentarios:

Nombre:

Fecha:

Hora:

Estado De Ánimo:

Comentarios:

Nombre:

Fecha:

Hora:

Estado De Ánimo:

Comentarios:

Nombre:

Fecha:

Hora:

Estado De Ánimo:

Comentarios:

Nombre:

Fecha:

Hora:

Estado De Ánimo:

Comentarios:

Nombre:

Fecha:

Hora:

Estado De Ánimo:

Comentarios:

Nombre:

Fecha:

Hora:

Estado De Ánimo:

Comentarios:

Nombre:

Fecha:

Hora:

Estado De Ánimo:

Comentarios:

Nombre:

Fecha:

Hora:

Estado De Ánimo:

Comentarios:

Familia

Ya que estamos hablando de familia… hay muchos problemas que pueden surgir en esta área. A tus padres les puede gustar o disgustar tu pareja, es posible que a tu hermano le guste demasiado tu pareja y eso incluso, antes de que comiences a preocuparte por lo que su familia piense de ti…

La decisión de tener hijos, cuántos y cuándo, también entra en juego durante las relaciones a largo plazo y comprometidas. Aquí es donde las Notas pueden ser una bendición, ya que proporciona una manera de recordar a los miembros de la relación sus días especiales de Fe con cada uno y discutir otros temas relacionados simplemente dejando Notas.

Ten cuenta que debes enfocar estas herramientas de comunicación con una mente abierta y la voluntad de comunicarse y confiar entre sí, sin importar lo que escriba el otro, ya que se trata simplemente de fortalecer su relación.

Nombre:
Fecha:
Hora:
Estado De Ánimo:
Comentarios:

Nombre:
Fecha:
Hora:
Estado De Ánimo:
Comentarios:

Nombre:
Fecha:
Hora:
Estado De Ánimo:
Comentarios:

Nombre:
Fecha:
Hora:
Estado De Ánimo:
Comentarios:

Nombre:
Fecha:
Hora:
Estado De Ánimo:
Comentarios:

Nombre:
Fecha:
Hora:
Estado De Ánimo:
Comentarios:

Nombre:
Fecha:
Hora:
Estado De Ánimo:
Comentarios:

Nombre:
Fecha:
Hora:
Estado De Ánimo:
Comentarios:

Nombre:
Fecha:
Hora:
Estado De Ánimo:
Comentarios:

Nombre:
Fecha:
Hora:
Estado De Ánimo:
Comentarios:

Nombre:
Fecha:
Hora:
Estado De Ánimo:
Comentarios:

Nombre:
Fecha:
Hora:
Estado De Ánimo:
Comentarios:

Nombre:

Fecha:

Hora:

Estado De Ánimo:

Comentarios:

Nombre:

Fecha:

Hora:

Estado De Ánimo:

Comentarios:

Nombre:

Fecha:

Hora:

Estado De Ánimo:

Comentarios:

Nombre:

Fecha:

Hora:

Estado De Ánimo:

Comentarios:

Nombre:
Fecha:
Hora:
Estado De Ánimo:
Comentarios:

Nombre:
Fecha:
Hora:
Estado De Ánimo:
Comentarios:

Nombre:
Fecha:
Hora:
Estado De Ánimo:
Comentarios:

Nombre:
Fecha:
Hora:
Estado De Ánimo:
Comentarios:

Nombre:
Fecha:
Hora:
Estado De Ánimo:
Comentarios:

Nombre:
Fecha:
Hora:
Estado De Ánimo:
Comentarios:

Nombre:
Fecha:
Hora:
Estado De Ánimo:
Comentarios:

Nombre:
Fecha:
Hora:
Estado De Ánimo:
Comentarios:

Nombre:
Fecha:
Hora:
Estado De Ánimo:
Comentarios:

Nombre:
Fecha:
Hora:
Estado De Ánimo:
Comentarios:

Nombre:
Fecha:
Hora:
Estado De Ánimo:
Comentarios:

Nombre:
Fecha:
Hora:
Estado De Ánimo:
Comentarios:

Nombre:

Fecha:

Hora:

Estado De Ánimo:

Comentarios:

Nombre:

Fecha:

Hora:

Estado De Ánimo:

Comentarios:

Nombre:

Fecha:

Hora:

Estado De Ánimo:

Comentarios:

Nombre:

Fecha:

Hora:

Estado De Ánimo:

Comentarios:

Nombre:
Fecha:
Hora:
Estado De Ánimo:
Comentarios:

Nombre:
Fecha:
Hora:
Estado De Ánimo:
Comentarios:

Nombre:
Fecha:
Hora:
Estado De Ánimo:
Comentarios:

Nombre:
Fecha:
Hora:
Estado De Ánimo:
Comentarios:

Nombre:
Fecha:
Hora:
Estado De Ánimo:
Comentarios:

Nombre:
Fecha:
Hora:
Estado De Ánimo:
Comentarios:

Nombre:
Fecha:
Hora:
Estado De Ánimo:
Comentarios:

Nombre:
Fecha:
Hora:
Estado De Ánimo:
Comentarios:

Nombre:
Fecha:
Hora:
Estado De Ánimo:
Comentarios:

Nombre:
Fecha:
Hora:
Estado De Ánimo:
Comentarios:

Nombre:
Fecha:
Hora:
Estado De Ánimo:
Comentarios:

Nombre:
Fecha:
Hora:
Estado De Ánimo:
Comentarios:

Nombre:

Fecha:

Hora:

Estado De Ánimo:

Comentarios:

Nombre:

Fecha:

Hora:

Estado De Ánimo:

Comentarios:

Nombre:

Fecha:

Hora:

Estado De Ánimo:

Comentarios:

Nombre:

Fecha:

Hora:

Estado De Ánimo:

Comentarios:

Nombre:
Fecha:
Hora:
Estado De Ánimo:
Comentarios:

Nombre:
Fecha:
Hora:
Estado De Ánimo:
Comentarios:

Nombre:
Fecha:
Hora:
Estado De Ánimo:
Comentarios:

Nombre:
Fecha:
Hora:
Estado De Ánimo:
Comentarios:

Nombre:

Fecha:

Hora:

Estado De Ánimo:

Comentarios:

Nombre:

Fecha:

Hora:

Estado De Ánimo:

Comentarios:

Nombre:

Fecha:

Hora:

Estado De Ánimo:

Comentarios:

Nombre:

Fecha:

Hora:

Estado De Ánimo:

Comentarios:

Nombre:
Fecha:
Hora:
Estado De Ánimo:
Comentarios:

Nombre:
Fecha:
Hora:
Estado De Ánimo:
Comentarios:

Nombre:
Fecha:
Hora:
Estado De Ánimo:
Comentarios:

Nombre:
Fecha:
Hora:
Estado De Ánimo:
Comentarios:

Nombre:
Fecha:
Hora:
Estado De Ánimo:
Comentarios:

Nombre:
Fecha:
Hora:
Estado De Ánimo:
Comentarios:

Nombre:
Fecha:
Hora:
Estado De Ánimo:
Comentarios:

Nombre:
Fecha:
Hora:
Estado De Ánimo:
Comentarios:

Amigos

La base de cualquier relación comprometida se basa en la amistad; muchas relaciones comienzan con el calor de las emociones sexuales, pero después de pasar una gran cantidad de tiempo con esa persona, descubres que no eres compatible como amigo. Es probable que lo haya descubierto antes: ¿han usado las Notas para conocerse el uno al otro?; Solo digo.

Ten cuenta que debes enfocar estas herramientas de comunicación con una mente abierta y la voluntad de comunicarse y confiar entre sí, sin importar lo que escriba el otro, ya que se trata simplemente de fortalecer su relación.

Nombre:

Fecha:

Hora:

Estado De Ánimo:

Comentarios:

Nombre:

Fecha:

Hora:

Estado De Ánimo:

Comentarios:

Nombre:

Fecha:

Hora:

Estado De Ánimo:

Comentarios:

Nombre:

Fecha:

Hora:

Estado De Ánimo:

Comentarios:

Nombre:

Fecha:

Hora:

Estado De Ánimo:

Comentarios:

Nombre:

Fecha:

Hora:

Estado De Ánimo:

Comentarios:

Nombre:

Fecha:

Hora:

Estado De Ánimo:

Comentarios:

Nombre:

Fecha:

Hora:

Estado De Ánimo:

Comentarios:

Nombre:

Fecha:

Hora:

Estado De Ánimo:

Comentarios:

Nombre:

Fecha:

Hora:

Estado De Ánimo:

Comentarios:

Nombre:

Fecha:

Hora:

Estado De Ánimo:

Comentarios:

Nombre:

Fecha:

Hora:

Estado De Ánimo:

Comentarios:

Nombre:
Fecha:
Hora:
Estado De Ánimo:
Comentarios:

Nombre:
Fecha:
Hora:
Estado De Ánimo:
Comentarios:

Nombre:
Fecha:
Hora:
Estado De Ánimo:
Comentarios:

Nombre:
Fecha:
Hora:
Estado De Ánimo:
Comentarios:

Nombre:
Fecha:
Hora:
Estado De Ánimo:
Comentarios:

Nombre:
Fecha:
Hora:
Estado De Ánimo:
Comentarios:

Nombre:
Fecha:
Hora:
Estado De Ánimo:
Comentarios:

Nombre:
Fecha:
Hora:
Estado De Ánimo:
Comentarios:

Nombre:
Fecha:
Hora:
Estado De Ánimo:
Comentarios:

Nombre:
Fecha:
Hora:
Estado De Ánimo:
Comentarios:

Nombre:
Fecha:
Hora:
Estado De Ánimo:
Comentarios:

Nombre:
Fecha:
Hora:
Estado De Ánimo:
Comentarios:

Nombre:
Fecha:
Hora:
Estado De Ánimo:
Comentarios:

Nombre:
Fecha:
Hora:
Estado De Ánimo:
Comentarios:

Nombre:
Fecha:
Hora:
Estado De Ánimo:
Comentarios:

Nombre:
Fecha:
Hora:
Estado De Ánimo:
Comentarios:

Nombre:
Fecha:
Hora:
Estado De Ánimo:
Comentarios:

Nombre:
Fecha:
Hora:
Estado De Ánimo:
Comentarios:

Nombre:
Fecha:
Hora:
Estado De Ánimo:
Comentarios:

Nombre:
Fecha:
Hora:
Estado De Ánimo:
Comentarios:

Nombre:
Fecha:
Hora:
Estado De Ánimo:
Comentarios:

Nombre:
Fecha:
Hora:
Estado De Ánimo:
Comentarios:

Nombre:
Fecha:
Hora:
Estado De Ánimo:
Comentarios:

Nombre:
Fecha:
Hora:
Estado De Ánimo:
Comentarios:

Nombre:
Fecha:
Hora:
Estado De Ánimo:
Comentarios:

Nombre:
Fecha:
Hora:
Estado De Ánimo:
Comentarios:

Nombre:
Fecha:
Hora:
Estado De Ánimo:
Comentarios:

Nombre:
Fecha:
Hora:
Estado De Ánimo:
Comentarios:

Nombre:
Fecha:
Hora:
Estado De Ánimo:
Comentarios:

Nombre:
Fecha:
Hora:
Estado De Ánimo:
Comentarios:

Nombre:
Fecha:
Hora:
Estado De Ánimo:
Comentarios:

Nombre:
Fecha:
Hora:
Estado De Ánimo:
Comentarios:

Nombre:

Fecha:

Hora:

Estado De Ánimo:

Comentarios:

Nombre:

Fecha:

Hora:

Estado De Ánimo:

Comentarios:

Nombre:

Fecha:

Hora:

Estado De Ánimo:

Comentarios:

Nombre:

Fecha:

Hora:

Estado De Ánimo:

Comentarios:

Nombre:

Fecha:

Hora:

Estado De Ánimo:

Comentarios:

Nombre:

Fecha:

Hora:

Estado De Ánimo:

Comentarios:

Nombre:

Fecha:

Hora:

Estado De Ánimo:

Comentarios:

Nombre:

Fecha:

Hora:

Estado De Ánimo:

Comentarios:

Nombre:
Fecha:
Hora:
Estado De Ánimo:
Comentarios:

Nombre:
Fecha:
Hora:
Estado De Ánimo:
Comentarios:

Nombre:
Fecha:
Hora:
Estado De Ánimo:
Comentarios:

Nombre:
Fecha:
Hora:
Estado De Ánimo:
Comentarios:

Nombre:
Fecha:
Hora:
Estado De Ánimo:
Comentarios:

Nombre:
Fecha:
Hora:
Estado De Ánimo:
Comentarios:

Nombre:
Fecha:
Hora:
Estado De Ánimo:
Comentarios:

Nombre:
Fecha:
Hora:
Estado De Ánimo:
Comentarios:

Nombre:
Fecha:
Hora:
Estado De Ánimo:
Comentarios:

Nombre:
Fecha:
Hora:
Estado De Ánimo:
Comentarios:

Nombre:
Fecha:
Hora:
Estado De Ánimo:
Comentarios:

Nombre:
Fecha:
Hora:
Estado De Ánimo:
Comentarios:

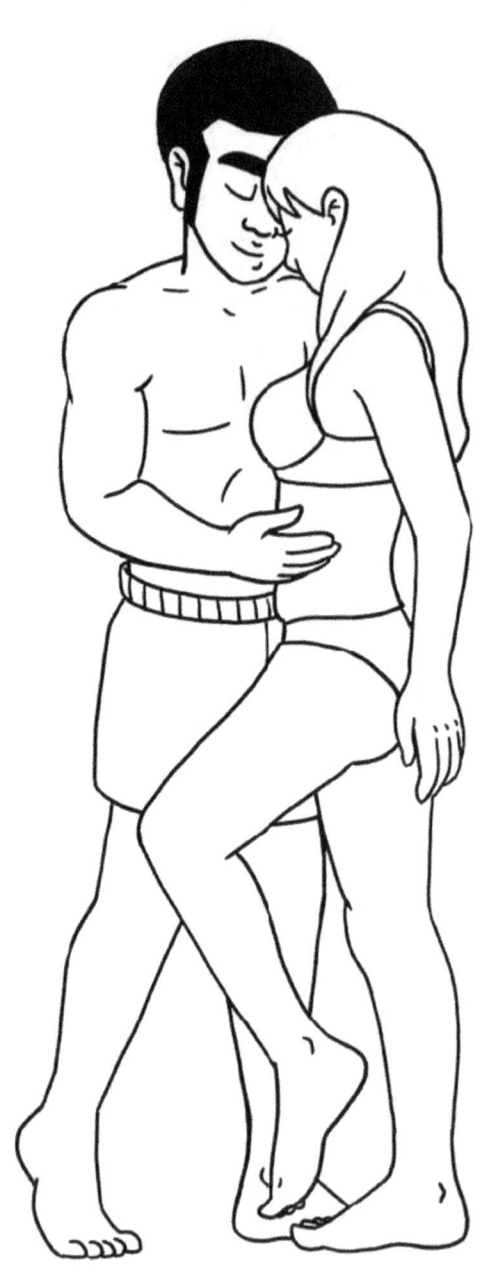

Sexo

No te equivoques al respecto; el sexo para la mayoría de las parejas, es una de las cosas más importantes en una relación. Muchas relaciones se desmoronan debido a la insatisfacción sexual que cualquier otro factor. Si un miembro de la pareja no está satisfecho con el sexo en la relación, puede buscarlo en otra persona.

Muchas personas que han estado casadas durante años, que tienen hijos y se han casado debido a su fe y sus valores, pero que no han disfrutado del sexo con su pareja han cometido adulterio y han abandonado la relación.

Aquí hay otro ejemplo de dónde las Notas podrían haber creado un diálogo con lo que a cada uno le gusta en el sexo, discutiendo y planificando intercambios y otros temas relacionados. Ten cuenta que debes enfocar estas herramientas de comunicación con una mente abierta y la voluntad de comunicarse y confiar entre sí, sin importar lo que escriba el otro, ya que se trata simplemente de fortalecer su relación.

Nombre:

Fecha:

Hora:

Estado De Ánimo:

Comentarios:

Nombre:

Fecha:

Hora:

Estado De Ánimo:

Comentarios:

Nombre:

Fecha:

Hora:

Estado De Ánimo:

Comentarios:

Nombre:

Fecha:

Hora:

Estado De Ánimo:

Comentarios:

Nombre:
Fecha:
Hora:
Estado De Ánimo:
Comentarios:

Nombre:
Fecha:
Hora:
Estado De Ánimo:
Comentarios:

Nombre:
Fecha:
Hora:
Estado De Ánimo:
Comentarios:

Nombre:
Fecha:
Hora:
Estado De Ánimo:
Comentarios:

Nombre:

Fecha:

Hora:

Estado De Ánimo:

Comentarios:

Nombre:

Fecha:

Hora:

Estado De Ánimo:

Comentarios:

Nombre:

Fecha:

Hora:

Estado De Ánimo:

Comentarios:

Nombre:

Fecha:

Hora:

Estado De Ánimo:

Comentarios:

Nombre:
Fecha:
Hora:
Estado De Ánimo:
Comentarios:

Nombre:
Fecha:
Hora:
Estado De Ánimo:
Comentarios:

Nombre:
Fecha:
Hora:
Estado De Ánimo:
Comentarios:

Nombre:
Fecha:
Hora:
Estado De Ánimo:
Comentarios:

Nombre:
Fecha:
Hora:
Estado De Ánimo:
Comentarios:

Nombre:
Fecha:
Hora:
Estado De Ánimo:
Comentarios:

Nombre:
Fecha:
Hora:
Estado De Ánimo:
Comentarios:

Nombre:
Fecha:
Hora:
Estado De Ánimo:
Comentarios:

Nombre:
Fecha:
Hora:
Estado De Ánimo:
Comentarios:

Nombre:
Fecha:
Hora:
Estado De Ánimo:
Comentarios:

Nombre:
Fecha:
Hora:
Estado De Ánimo:
Comentarios:

Nombre:
Fecha:
Hora:
Estado De Ánimo:
Comentarios:

Nombre:
Fecha:
Hora:
Estado De Ánimo:
Comentarios:

Nombre:
Fecha:
Hora:
Estado De Ánimo:
Comentarios:

Nombre:
Fecha:
Hora:
Estado De Ánimo:
Comentarios:

Nombre:
Fecha:
Hora:
Estado De Ánimo:
Comentarios:

Nombre:

Fecha:

Hora:

Estado De Ánimo:

Comentarios:

Nombre:

Fecha:

Hora:

Estado De Ánimo:

Comentarios:

Nombre:

Fecha:

Hora:

Estado De Ánimo:

Comentarios:

Nombre:

Fecha:

Hora:

Estado De Ánimo:

Comentarios:

Nombre:

Fecha:

Hora:

Estado De Ánimo:

Comentarios:

Nombre:

Fecha:

Hora:

Estado De Ánimo:

Comentarios:

Nombre:

Fecha:

Hora:

Estado De Ánimo:

Comentarios:

Nombre:

Fecha:

Hora:

Estado De Ánimo:

Comentarios:

Nombre:
Fecha:
Hora:
Estado De Ánimo:
Comentarios:

Nombre:
Fecha:
Hora:
Estado De Ánimo:
Comentarios:

Nombre:
Fecha:
Hora:
Estado De Ánimo:
Comentarios:

Nombre:
Fecha:
Hora:
Estado De Ánimo:
Comentarios:

Nombre:
Fecha:
Hora:
Estado De Ánimo:
Comentarios:

Nombre:
Fecha:
Hora:
Estado De Ánimo:
Comentarios:

Nombre:
Fecha:
Hora:
Estado De Ánimo:
Comentarios:

Nombre:
Fecha:
Hora:
Estado De Ánimo:
Comentarios:

Nombre:
Fecha:
Hora:
Estado De Ánimo:
Comentarios:

Nombre:
Fecha:
Hora:
Estado De Ánimo:
Comentarios:

Nombre:
Fecha:
Hora:
Estado De Ánimo:
Comentarios:

Nombre:
Fecha:
Hora:
Estado De Ánimo:
Comentarios:

Nombre:
Fecha:
Hora:
Estado De Ánimo:
Comentarios:

Nombre:
Fecha:
Hora:
Estado De Ánimo:
Comentarios:

Nombre:
Fecha:
Hora:
Estado De Ánimo:
Comentarios:

Nombre:
Fecha:
Hora:
Estado De Ánimo:
Comentarios:

Nombre:
Fecha:
Hora:
Estado De Ánimo:
Comentarios:

Nombre:
Fecha:
Hora:
Estado De Ánimo:
Comentarios:

Nombre:
Fecha:
Hora:
Estado De Ánimo:
Comentarios:

Nombre:
Fecha:
Hora:
Estado De Ánimo:
Comentarios:

Nombre:
Fecha:
Hora:
Estado De Ánimo:
Comentarios:

Nombre:
Fecha:
Hora:
Estado De Ánimo:
Comentarios:

Nombre:
Fecha:
Hora:
Estado De Ánimo:
Comentarios:

Nombre:
Fecha:
Hora:
Estado De Ánimo:
Comentarios:

Sexo 195

Nombre:
Fecha:
Hora:
Estado De Ánimo:
Comentarios:

Nombre:
Fecha:
Hora:
Estado De Ánimo:
Comentarios:

Nombre:
Fecha:
Hora:
Estado De Ánimo:
Comentarios:

Nombre:
Fecha:
Hora:
Estado De Ánimo:
Comentarios:

Políticas

Al igual que la religión, este es un tema que puede dividir a la gente muy rápido. Mi consejo aquí es el opuesto al capítulo de fe: no tienes que hablar sobre eso. Obviamente, si te opones completamente a problemas mayores, es posible que no seas tan compatible con tu pareja como esperabas.

Pero si ese es el caso y aún quieres estar con esa persona, no tienes que discutir sobre política. Simplemente acuerde con su pareja que se trata de un tema que está fuera de los límites y manténgase firme en eso, sin importar cuán tentador sea. Otro ejemplo de cómo las Notas pueden ayudar; Se pueden intercambiar temas candentes, se pueden dejar avisos para reuniones, etc.

Ten cuenta que debes enfocar estas herramientas de comunicación con una mente abierta y la voluntad de comunicarse y confiar entre sí, sin importar lo que escriba el otro, ya que se trata simplemente de fortalecer su relación.

Nombre:

Fecha:

Hora:

Estado De Ánimo:

Comentarios:

Nombre:

Fecha:

Hora:

Estado De Ánimo:

Comentarios:

Nombre:

Fecha:

Hora:

Estado De Ánimo:

Comentarios:

Nombre:

Fecha:

Hora:

Estado De Ánimo:

Comentarios:

Nombre:
Fecha:
Hora:
Estado De Ánimo:
Comentarios:

Nombre:
Fecha:
Hora:
Estado De Ánimo:
Comentarios:

Nombre:
Fecha:
Hora:
Estado De Ánimo:
Comentarios:

Nombre:
Fecha:
Hora:
Estado De Ánimo:
Comentarios:

Nombre:
Fecha:
Hora:
Estado De Ánimo:
Comentarios:

Nombre:
Fecha:
Hora:
Estado De Ánimo:
Comentarios:

Nombre:
Fecha:
Hora:
Estado De Ánimo:
Comentarios:

Nombre:
Fecha:
Hora:
Estado De Ánimo:
Comentarios:

Nombre:
Fecha:
Hora:
Estado De Ánimo:
Comentarios:

Nombre:
Fecha:
Hora:
Estado De Ánimo:
Comentarios:

Nombre:
Fecha:
Hora:
Estado De Ánimo:
Comentarios:

Nombre:
Fecha:
Hora:
Estado De Ánimo:
Comentarios:

Nombre:
Fecha:
Hora:
Estado De Ánimo:
Comentarios:

Nombre:
Fecha:
Hora:
Estado De Ánimo:
Comentarios:

Nombre:
Fecha:
Hora:
Estado De Ánimo:
Comentarios:

Nombre:
Fecha:
Hora:
Estado De Ánimo:
Comentarios:

Nombre:

Fecha:

Hora:

Estado De Ánimo:

Comentarios:

Nombre:

Fecha:

Hora:

Estado De Ánimo:

Comentarios:

Nombre:

Fecha:

Hora:

Estado De Ánimo:

Comentarios:

Nombre:

Fecha:

Hora:

Estado De Ánimo:

Comentarios:

Nombre:
Fecha:
Hora:
Estado De Ánimo:
Comentarios:

Nombre:
Fecha:
Hora:
Estado De Ánimo:
Comentarios:

Nombre:
Fecha:
Hora:
Estado De Ánimo:
Comentarios:

Nombre:
Fecha:
Hora:
Estado De Ánimo:
Comentarios:

Nombre:

Fecha:

Hora:

Estado De Ánimo:

Comentarios:

Nombre:

Fecha:

Hora:

Estado De Ánimo:

Comentarios:

Nombre:

Fecha:

Hora:

Estado De Ánimo:

Comentarios:

Nombre:

Fecha:

Hora:

Estado De Ánimo:

Comentarios:

Nombre:
Fecha:
Hora:
Estado De Ánimo:
Comentarios:

Nombre:
Fecha:
Hora:
Estado De Ánimo:
Comentarios:

Nombre:
Fecha:
Hora:
Estado De Ánimo:
Comentarios:

Nombre:
Fecha:
Hora:
Estado De Ánimo:
Comentarios:

Nombre:
Fecha:
Hora:
Estado De Ánimo:
Comentarios:

Nombre:
Fecha:
Hora:
Estado De Ánimo:
Comentarios:

Nombre:
Fecha:
Hora:
Estado De Ánimo:
Comentarios:

Nombre:
Fecha:
Hora:
Estado De Ánimo:
Comentarios:

Nombre:
Fecha:
Hora:
Estado De Ánimo:
Comentarios:

Nombre:
Fecha:
Hora:
Estado De Ánimo:
Comentarios:

Nombre:
Fecha:
Hora:
Estado De Ánimo:
Comentarios:

Nombre:
Fecha:
Hora:
Estado De Ánimo:
Comentarios:

Nombre:
Fecha:
Hora:
Estado De Ánimo:
Comentarios:

Nombre:
Fecha:
Hora:
Estado De Ánimo:
Comentarios:

Nombre:
Fecha:
Hora:
Estado De Ánimo:
Comentarios:

Nombre:
Fecha:
Hora:
Estado De Ánimo:
Comentarios:

Nombre:
Fecha:
Hora:
Estado De Ánimo:
Comentarios:

Nombre:
Fecha:
Hora:
Estado De Ánimo:
Comentarios:

Nombre:
Fecha:
Hora:
Estado De Ánimo:
Comentarios:

Nombre:
Fecha:
Hora:
Estado De Ánimo:
Comentarios:

Nombre:

Fecha:

Hora:

Estado De Ánimo:

Comentarios:

Nombre:

Fecha:

Hora:

Estado De Ánimo:

Comentarios:

Nombre:

Fecha:

Hora:

Estado De Ánimo:

Comentarios:

Nombre:

Fecha:

Hora:

Estado De Ánimo:

Comentarios:

Nombre:

Fecha:

Hora:

Estado De Ánimo:

Comentarios:

Nombre:

Fecha:

Hora:

Estado De Ánimo:

Comentarios:

Nombre:

Fecha:

Hora:

Estado De Ánimo:

Comentarios:

Nombre:

Fecha:

Hora:

Estado De Ánimo:

Comentarios:

Nombre:
Fecha:
Hora:
Estado De Ánimo:
Comentarios:

Nombre:
Fecha:
Hora:
Estado De Ánimo:
Comentarios:

Nombre:
Fecha:
Hora:
Estado De Ánimo:
Comentarios:

Nombre:
Fecha:
Hora:
Estado De Ánimo:
Comentarios:

Comparte las notas en este libro y después de leerlo, el próximo paso que se debe hacer es sentarse juntos y leer todas las notas que ambos escribieron desde el principio. Todas las emociones de Notas que compartiste, con el tiempo y la forma en que expresaste íntimamente esas emociones te acercarán más a medida que las vuelvas a leer.

Simplemente funciona de esa manera; Para seguir creciendo y amando juntos, puede comprar Notas y Libro De registros - Relaciones De Pareja de 100 páginas en www.houstonepublishing

Conclusión

Después de leer mi consejo, probablemente concluirás que se trata de variaciones de los dos primeros puntos: honestidad y comunicación. Sé lo mejor que puedas con tu pareja, asegúrate de que sepa lo que está pasando en tu mente, especialmente si puede causar problemas, y recuerda respetarlo donde sea que haya un conflicto. No tiene que estar de acuerdo con su pareja todo el tiempo, siempre y cuando esté emocionalmente disponible para apoyarlo y hacerle saber que lo ama, sin importar en qué creen. Notas y Libro De registros - Relaciones De Pareja, una forma perfecta de conmutar íntimamente al final de este libro.

Y por último, un consejo de mi padre: si dos personas viven juntas o comparten sus vidas de alguna manera y afirman que nunca discuten o no están de acuerdo, están mintiendo y/o bromeando. Los conflictos y los desacuerdos ocurren, es la forma en que trabajas a través de ellos, y eso importa.

www.ingramcontent.com/pod-product-compliance
Lightning Source LLC
Chambersburg PA
CBHW070548010526
44118CB00012B/1264